Sarah Damak

Plats Tunisiens

MAISON YAMAMA
EDITION & DIFFUSION

Prise de photos :
Salma M'BAREK
Abdelhamid BOUCHNAK

Création graphique:
YAMAMA

Sommaire

Ahlelem

Préparation : 10 minutes

Cuisson : 45 minutes

Ingrédients

- 1 verre de pâtes "ahlelem"
- 1/2 verre de pois chiches déjà trempés la veille
- 1/2 verre de petites fèves
- 1 grande cuillerée de lentilles
- 3 oignons
- 3 gousses d'ail
- 3 cuillerées de concentré de tomate
- 1/2 cuillerée d'harissa
- 1 verre de céleri haché
- 1 verre de persil haché
- 3 petits morceaux de viande sèche (facultatif)
- 1 tasse d'huile
- sel
- 1/2 c.à.c de coriande

Préparation :

- Dans une casserole, versez l'huile, les oignons hachés, et les morceaux de viande sèche. Laissez cuire sur feu doux.
- Ajoutez les pois-chiches, les féveroles, les lentilles et un verre d'eau. Laissez cuire pendant 15 minutes.
- Ajoutez le concentré de tomate, l'harissa, l'ail et les épices. Laissez réduire 10 minutes, remuer de temps en temps.
- Mettez le céleri et le persil et laissez cuire pendant 5 minutes.
- Versez 1 litre d'eau chaude. Dès ébullition, versez les pâtes d'ahlelem et laissez cuire à feu doux de 7 à 10 minutes, Vérifiez le sel.

***Remarque* :**

- L'ahlelem peut être vendue chez l'épicier.
- On peut la préparer à domicile : pétrir la farine et la semoule avec de la levure et du sel. Laissez la pâte lever pendant 1 heure. Pétrir et couper.

2
3
4
5

Chorba frik

Préparation :
15 minutes

Cuisson :
45 minutes

Ingrédients

- 250 g de viande coupée en petits dés
- 1/2 tasse d'huile
- 2 cuillerées à soupe de concentré de tomate
- 2 oignons
- 1/2 cuillerée à soupe : harissa, sel, poivre noir
- 1 verre de chorba frik
- 1 tasse de pois-chiches trempés la veille
- 1 cuillerée de lentilles (facultatif)
- céleri et persil hachés

Préparation :

- Dans une terrine, portez à ébullition 2 litres d'eau. Salez et ajoutez tous les ingrédients sauf le persil. Laissez cuire à feu doux pendant une demi heure.
- Ajoutez le persil et vérifiez le sel.

1

3

5

6

Soupe au poisson

Préparation : 10 minutes

Cuisson : 30 minutes

Ingrédients

- 300 grs de poisson blanc
- 1 oignon coupé en rondelles
- une branche de céleri et du persil
- 1 cuillerée à soupe de concentré de tomate
- poivre noir
- sel
- 3 cuillerées d'huile
- 1 cuillerée à café de paprika ou d'harissa
- 3 gousses d'ail
- 1/2 cuillerée à café de cumin
- 1/2 verre de chorba frik

Préparation :

- Faites revenir l'oignon dans 3 cuillerées à soupe d'huile, Ajoutez un peu d'eau et le paprika, puis le concentré de tomate, le céleri, le persil, l'ail et le cumin.
- Laissez cuire la sauce de 10 à 15 minutes. Il faut surveiller et ajouter de l'eau si nécessaire.
- Ajoutez 1 litre d'eau. Dès ébullition, mettez le poisson et laissez cuire pendant 10 minutes, assaisonnez de poivre noir.
- Passez la sauce à la passoire pour enlever le poisson. Ajoutez la chorba et laissez bouillir pendant 15 minutes en remuant de temps à autre. Retirez les arrêtes du poisson et replongez-le dans la chorba.

1

2

3
4
5

Le Hsou

Préparation :
15 minutes

Cuisson :
30 minutes

Ingrédients

- 200 g de viande de bœuf hachée
- ail, coriandre- sel
- 1 c. à café de menthe sèche
- 1/2 c. à café de paprika
- 3 c. à soupe de farine
- 3 c. à soupe d'huile
- une branche de céleri et du persil
- 1 cuillerée à soupe de concentré de tomate
- 1 cuillerée à café d'harissa

Préparation :

- Assaisonnez la viande de sel, de menthe, de coriandre, de poivre noir et de paprika. Formez de petites boulettes.
- Hachez l'ail et faites-le revenir dans l'huile. Ajoutez le concentré de tomate, l'harissa, un peu de coriandre, du céleri et un verre d'eau, laisser cuire pendant 10 minutes,
- Marinez avec un litre d'eau. Dès ébullition, mettez les boulettes de viande et laissez cuire pendant 10 minutes.
- Diluez la farine dans un peu d'eau, assaisonnez de sel puis versez le mélange petit à petit dans la sauce en remuant continuellement jusqu'à épaississement. Ajoutez la menthe et retirez du feu.

1 2

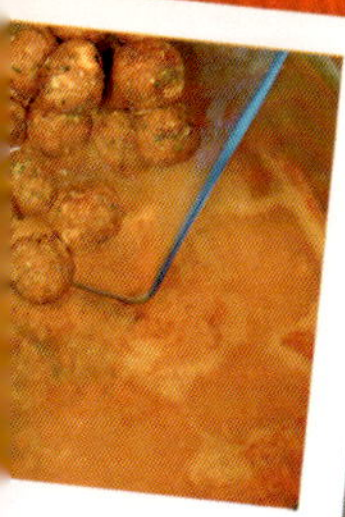

3

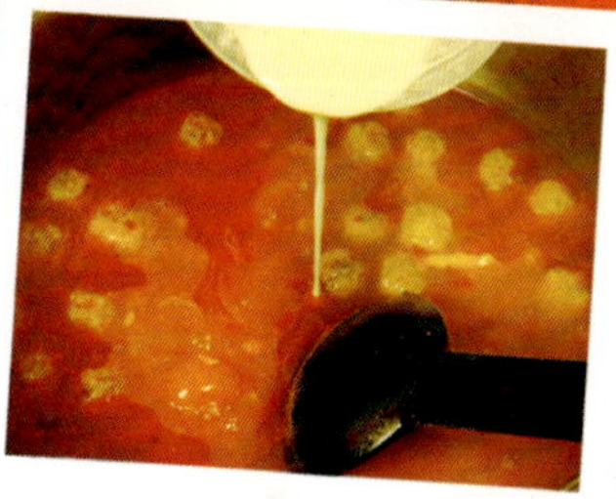

4

5

Soupe à la semoule (sdir)

Préparation : 5 minutes

Cuisson : 30 minutes

Ingrédients

- 3 saucisses (merguez)
- quelques gousses d'ail
- 1 cuillerée à soupe de concentré de tomate
- 1 cuillerée à café d'harissa
- sel, poivre noir, coriandre
- 1/2 verre de semoule moyenne
- 3 cuillerées à soupe d'huile
- une branche de céleri
- câpres et tranches de citron

Préparation :

- Coupez les saucisses en petits morceaux, hachez l'ail, et faites-les revenir dans l'huile pendant 5 minutes, ajoutez un peu d'eau, la tomate, l'harissa, le sel, le coriandre, le poivre noir et le céleri, laissez mijoter pendant 10 minutes.
- Versez un litre d'eau chaude. Dès ébullition, saupoudrez la semoule en continuant de remuer jusqu'à épaississement de la soupe.
- Ajoutez les câpres et les morceaux de citron ; dès ébullition retirez du feu.

1

2

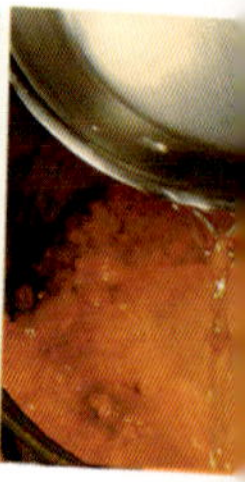

3

4
5

Rôti d'agneau

Préparation :
15 minutes

Cuisson :
60 minutes

Ingrédients

- 1 kg de viande d'agneau coupée en gros morceaux (on conseille la cuisse dans cette recette)
- 4 pommes de terre (ou selon la taille)
- 1/10 litre d'huile (une petite tasse)
- 1/2 c. à café de poivre noir
- sel
- un peu de safran
- 1/2 c. à café de curcuma
- 1/4 c. à café de romarin
- 1 cuillerée à soupe de jus de citron
- 1 cuillerée à soupe de persil haché

Préparation :

- Assaisonnez la viande de poivre noir; de sel, de safran et du jus de citron. Laissez mariner pendant 15 minutes.
- Entre-temps, épluchez les pommes de terre et coupez-les sur la longueur.
- Saupoudrez de sel, de poivre noir et de curcuma.
- Dans un plat à four, versez l'huile, posez-y les morceaux de viande puis les pommes de terre et arrosez avec un verre d'eau chaude.
- Ajoutez l'ail et parsemez le plat de romarin
- Laissez cuire dans un four préchauffé pendant une heure.
- On peut ajouter quelques tomates coupées en deux et assaisonnées de sel et de romarin puis déposées sur la viande avant de la retirer du four.
- Garnir de persil haché puis présentez.
- On peut garnir le plat de piments verts frits.

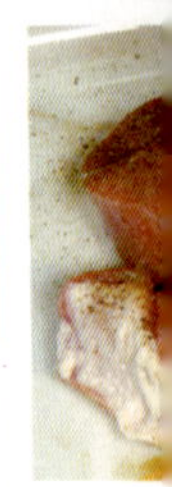

1
2
3
4

Kammounia (sauce au cumin)

Préparation : 5 minutes

Cuisson : 30 minutes

Ingrédients

- 250 g de foie coupé en dès de taille moyenne
- 300 g de viande de bœuf coupée en dès de taille moyenne
- 1 cuillerée à soupe de concentré de tomate
- 1 cuillerée à soupe d'harissa
- sel et poivre noir
- 6 gousses d'ail
- 1 cuillerée à café de cumin

Préparation :

- Faire bouillir la viande dans de l'eau salée pendant 5 minutes.
- Retirez la viande et plongez le foie.
- Dans une casserole, versez l'huile, laissez chauffer, ajoutez la viande saupoudrée de sel et de poivre, ajoutez le concentré de tomate et l'harissa,
- Laissez mijoter pendant 5 minutes puis ajoutez l'ail haché.
- Versez deux verres d'eau. Dès ébullition, ajoutez le foie et laissez cuire sur feu doux.
- Saupoudrez de cumin et laissez sur le feu jusqu'à ce que la sauce s'épaississe.

1

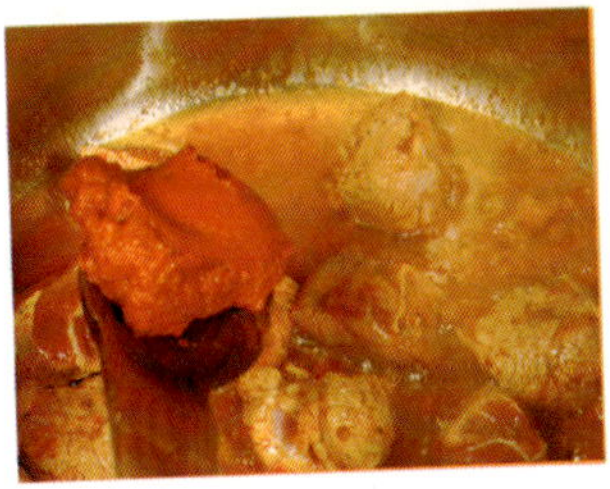

2

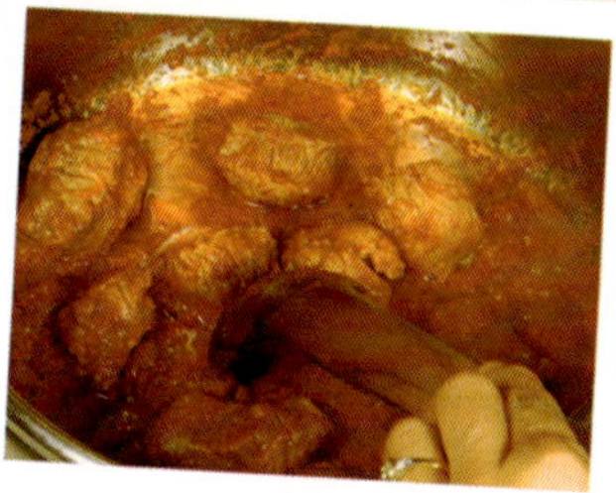

3

Mloukhia

Préparation :
5 minutes

Cuisson :
90 minutes

Ingrédients

- 100 g de poudre de mloukhia
- 1 kg de viande de veau ou d'agneau (selon goût)
- 1 cuillerée à soupe d'harissa
- 1/2 cuillerée à soupe de concentré de tomate
- 8 gousses d'ail
- sel - poivre noir
- 2 cuillerées à café de coriandre parfumée
- 2 feuilles de laurier
- 30 cl d'huile

Préparation :

- Mettez la viande dans une terrine avec un peu d'huile, assaisonnez de sel de poivre noir, d'harissa et de concentré de tomate. Laissez cuire en remuant de temps en temps.
- Entre-temps versez la poudre de mloukhia dans un bol, incorporez l'huile et mélangez (le mélange ne doit pas être épais, ajoutez l'huile si nécessaire)
- Versez 1 litre et 1/2 d'eau chaude sur la viande.
- Dès ébullition, ajoutez la mloukhia déjà diluée dans l'huile. Remuez à l'aide d'une cuillère en bois. Diminuez le feu et laissez cuire.
- Pelez et hachez l'ail puis mélangez-le avec la coriandre.
- Après une heure, vous remarquerez que la mloukhia s'est dissoute, incorporez alors l'ail et les feuilles de laurier et la coriandre.
- Continuez la cuisson sur feu doux en remuant de temps à autre. Ajoutez un peu d'eau si nécessaire.
- Au bout d'une heure, environ, la mloukhia est prête et la viande est tendre. Retirez du feu quand elle devient épaisse.

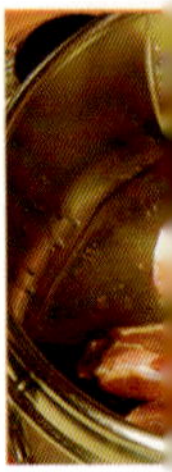

1

2

3

4

Sauce de gombos (guenaouia)

Préparation : 10 minutes

Cuisson : 60 minutes

Ingrédients

- 500 g de viande de veau coupée en cubes
- 2 gros oignons coupés
- 5 petits oignons épluchés
- 250 grs de gombos
- 1/10 de litre d'huile
- piment vert
- 1 cuillerée à café de coriandre
- sel
- poivre noir
- 2 cuillerées à soupe de concentré de tomate
- 4 gousses d'ail
- 1/2 cuillerée à soupe d'harissa
- 2 tomates coupés en deux

Préparation :

- Dans un faitout versez l'huile, l'oignon et la viande assaisonnée de sel, de poivre et d'harissa. Laissez sur feu doux jusqu'à ce que l'oignon soit tendre.
- Ajoutez un peu d'eau et le concentré de tomate et laissez cuire encore 5 minutes en remuant de temps en temps.
- Versez deux verres d'eau chaude et laissez la viande cuire pendant environ 30 minutes.
- Ajoutez l'ail haché et la coriandre.
- Entre-temps, enlevez les queues des gombos et lavez bien.
- Plongez les gombos ainsi que les oignons et les tomates dans la sauce et laissez mijoter pendant 15 minutes. Ajoutez le piment vert salé.
- Vérifiez le sel avant de finir la cuisson de 5 minutes.

1

4
5
2
3
6
7

Sauce aux boulettes d'épinard

Préparation : 30 minutes

Cuisson : 30 minutes

Ingrédients

- 500 g de viande hachée
- 1 kg d'épinards
- 8 gousses d'ail
- 1/2 cuillerée à café de poivre noir
- 1/2 cuillerée à café de paprika
- 1 cuillerée à café d'harissa
- 3 cuillerées à soupe de concentré de tomate
- 1/4 de cuillerée à café de sel
- 1/10 litre d'huile
- une noix de beurre
- une tranche de citron salé

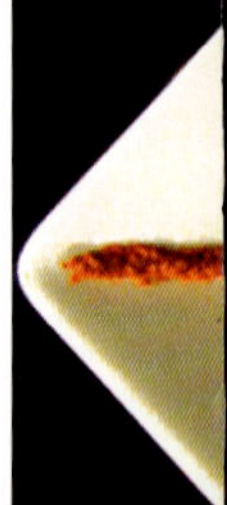

Préparation :

- Triez les épinards, lavez-les et coupez-les. Faites-les revenir dans un faitout beurré ou huilé jusqu'à évaporation de tout le liquide,
- Mélangez les épinards avec la viande hachée et assaisonnez de sel, de poivre noir, de paprika et de coriandre. Formez des boulettes moyennes.
- Dans un faitout huilé, faire revenir l'ail haché,
- Ajoutez un peu d'eau, le concentré de tomate et l'harissa, laissez cuire sur feu doux pendant 10 minutes,
- Arrosez avec un verre d'eau chaude. Dès ébullition, plongez les boulettes d'épinards l'une après l'autre pour qu'elles ne se collent pas, et laissez cuire pendant 15 minutes.
- Vérifiez le sel et ajoutez les tranches de citron (facultatif).

1

2

Sauce de petits pois aux artichauts

Préparation : 15 minutes

Cuisson : 45 minutes

Ingrédients

- 1kg de viande d'agneau coupée en morceaux moyens
- 1 kg de petits pois
- 6 artichauts
- 1/10 de litre d'huile (une tasse)
- 1 cuillerée à soupe d'harissa
- 1 cuillerée à soupe de concentré de tomate
- 1/4 de cuillerée à café de sel, de poivre noir et de curcuma
- 2 gros oignons
- 1/2 verre de persil haché

Préparation :

- Écossez les petits pois d'avance.
- Mettez les oignons finement coupés dans un faitout huilé. Ajoutez la viande et assaisonnez de sel, de poivre noir, un peu de curcuma et d'harissa.
- Laissez cuire sur feu doux en remuant jusqu'à disparition du liquide.
- Ajoutez le concentré de tomate et continuez la cuisson pendant 5 minutes en remuant continuellement.
- Arrosez de deux verres d'eau et laissez cuire pendant au moins 30 minutes (ou 15 minutes dans une cocotte).
- Pendant ce temps, épluchez les artichauts, vider les cœurs et coupez-les en deux ou en quatre parts selon la taille.
- Une fois la viande est cuite, incorporez les artichauts, juste après 5 minutes ajoutez les petits pois.
- Versez un peu d'eau si nécessaire.
- Une fois les petits pois et les artichauts cuits, ajoutez le persil coupé et laissez cuire encore 5 minutes sur feu doux.

1
2
3

Sauce au chou-fleur (m'batten)

Préparation : 15 minutes

Cuisson : 60 minutes

Ingrédients

- 500 g de viande de bœuf coupée en cubes
- un chou-fleur de taille moyenne
- 2 oignons coupés
- 1/2 verre de pois-chiches trempés la veille
- 1/2 cuillerée à soupe d'harissa
- 2 cuillerées à soupe de concentré de tomate
- coriandre
- 3 cuillerées de persil haché
- 1/10 de litre d'huile (un verre)
- huile de friture
- 1 cuillerée à soupe de farine
- 2 œufs

Préparation :

- Trempez les pois-chiches la veille après les avoir lavés.
- Dans un faitout mettez l'huile, l'oignon et la viande, saupoudrez de sel, de poivre noir, de coriandre et d'harissa. Bien mélangez puis laissez cuire à feu doux pendant 5 minutes.
- Arrosez avec deux verres d'eau chaude, ajoutez les pois chiches et laissez cuire.
- Entre-temps, coupez le chou-fleur en branches, lavez-les et plongez-les dans de l'eau bouillante salée (1/2 cuillerée à café de sel). Egouttez-les après cuisson.
- Dans un bol moyen, mélangez la farine, les œufs, le lait et un peu de sel et de poivre noir,
- Passez les tranches de chou-fleur dans ce mélange l'une après l'autre puis plongez-les dans l'huile chaude jusqu'à dorure. Disposez-les sur du papier absorbant.
- Ajoutez ces tranches à la sauce et laissez cuire pendant 5 minutes.
- Saupoudrez de persil haché et retirez du feu.

1

2

3

Sauce aux aubergines (mderbel)

Préparation : 15 minutes

Cuisson : 60 minutes

Ingrédients

- 300 g de viande coupée en cubes
- 500 g d'aubergine (3 aubergines moyennes)
- 250 grs d'oignon (2 ou 3 oignons)
- sel
- poivre noir
- 1/2 cuillerée à soupe d'harissa
- 2 cuillerée à soupe de concentré de tomate
- 1/2 cuillerée à café de coriandre
- 3 gousses d'ail
- 3 piments verts
- 1/10 litre d'huile pour la sauce
- l'huile pour friture
- 1/2 verre de pois chiches (trempés laveille)

Préparation :

- Faites revenir l'oignon et la viande dans un faitout huilée, saupoudrez de sel, de poivre noir et de coriandre. Laissez sur feu doux. Ajoutez un verre d'eau si nécessaire. Incorporez le concentré de tomate et l'ail haché et laissez cuire encore pendant 10 minutes.
- Versez deux verres d'eau, ajoutez les pois chiches. Augmentez le feu et laissez la viande cuire.
- Entre-temps, lavez les aubergines et coupez-les en rondelles fines. Saupoudrez-les de sel et laisser reposer pendant 5 minutes. Lavez-les et laissez s'égoutter.
- Faites chauffer de l'huile dans une poêle et mettez les aubergines à dorer en les retournant. Posez-les sur du papier absorbant pour éliminer l'huile.
- Vérifiez le sel de la sauce et ajoutez un peu d'eau si nécessaire. Ajoutez le piment vert coupé.
- Après 5 minutes, ajoutez les rondelles d'aubergine et réduire le feu. Laissez cuire pendant 5 minutes.

1

2
3
4

Sauce aux haricots

Préparation :
15 minutes

Cuisson :
45 minutes

Ingrédients

- 500 g de viande de bœuf coupée en cubes
- 2 gros oignons hachés
- 1/10 de litre d'huile (un verre)
- 2 cuillerées à soupe de concentré de tomate
- 100 g de variantes (facultatif)
- un bol de haricots trempés la veille
- 2 piments verts coupés en deux
- 1/2 cuillerée à soupe d'harissa
- sel
- poivre noir
- harissa
- coriandre
- 3 cuillerées de persil haché
- 4 gousses d'ail

Préparation :

- Dans un faitout huilé faites revenir les oignons hachés. Entre-temps assaisonnez la viande de sel, de poivre noir, d'harissa, de coriandre et d'ail, laissez cuire pendant 5 minutes.
- Ajoutez le concentré de tomate et remuez pendant 5 minutes.
- Arrosez de deux verres d'eau et laissez cuire pendant 15 minutes,
- Égouttez les haricots puis incorporez-les dans la sauce.
- Une fois les haricots cuits, ajoutez les variantes et le piment vert. Laissez cuire pendant environ 10 minutes.
- Vérifiez le sel et laissez sur feu doux jusqu'à épaississement.

1

2

3

4

Sauce douce

Préparation :
10 minutes

Cuisson :
40 minutes

Ingrédients

- 500 g de viande d'agneau coupée en morceaux de taille moyenne
- 200 g de pruneaux
- 100 g de raisins secs
- 150 g de marrons
- 1 cuillerée de miel
- 1/10 de litre d'huile
- 1 oignon moyen
- sel
- poivre noir
- safran
- cannelle
- boutons de roses sèches
- en poudre

Préparation :

- Assaisonnez la viande de sel, de poivre noir, de safran et d'1/4 de c. à café de boutons de roses en poudre.
- Dans un faitout huilé, faites revenir l'oignon haché pendant 5 à 10 minutes.
- Ajoutez les morceaux de viande et un peu d'eau. Laissez cuire pendant 5 minutes puis arrosez avec deux verres d'eau et laissez cuire entre 20 et 30 minutes,
- Trempez les fruits secs dans l'eau.
- Laissez-les s'égoutter et les ajouter à la viande jusqu'à cuisson.
- Après 15 minutes, ajoutez la cuillerée de miel, un peu de cannelle et les boutons de roses sèches.

1

2
3
4
5

Sauce aux olives

Ingrédients

- 150 g d'olives vertes dénoyautées
- 250 g de viande de veau hachée
- sel
- poivre noir
- coriandre
- 1/2 cuillerée à café de paprika
- 3 cuillerées à soupe de farine

Pour la sauce :

- 2 cuillerées à soupe de concentré de tomate
- 1/2 cuillerée à soupe d'harissa
- des câpres
- 4 gousses d'ail
- 1/10 litre d'huile (1 verre)
- piment de cayenne

Préparation :

- Assaisonnez la viande hachée de sel, de poivre noir , de coriandre et de paprika, mélangez bien.
- Remplissez les olives de viande puis enroulez-les de viande, en formant des boulettes.
- Passez ces boulettes dans un œuf battu puis dans la farine. Faites-les frire dans l'huile très chaude. Posez-les ensuite sur du papier absorbant.

Pour préparer la sauce :

- Hachez l'ail et faites-le revenir dans l'huile sur un feu doux. Incorporez le concentré de tomate, l'harissa et un peu d'eau.
- Une fois la tomate réduite, ajoutez un peu d'eau et plongez les boulettes de viande. Laissez cuire pendant 10 minutes puis ajoutez les câpres et quelques piments de cayenne (selon goût), vérifiez le sel et retirez du feu quand la sauce est épaisse.

1

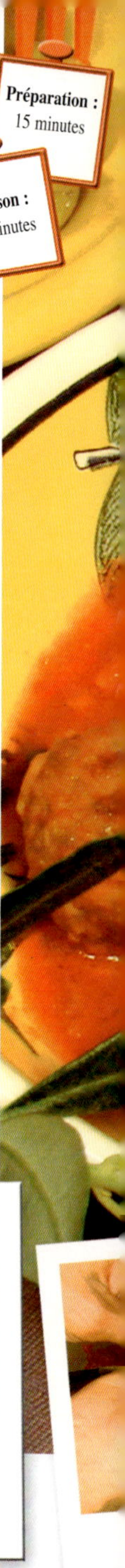

2

3

4

5

6

Madfouna

Préparation : 60 minutes

Cuisson : 90 minutes

Ingrédients

- 6 bouquets de blettes
- 1 oignon
- 1 ail
- 1 kg de "hargma" (la patte du veau)
- 1 c. à soupe de harissa
- 1/4 de c. à café de poivre noir
- 1/2 c. à café de coriandre
- 3/10 de litre d'huile (3 verres)

Pour les boulettes de viande :

- 500 g de viande de bœuf hachée
- 1/4 c. à c. de sel
- 1/4 c. à c. de poivre noir
- 1 c. à c. de menthe sèche
- 1 c. à c. de piment rouge en poudre
- 1 c. à c. de coriandre

Préparation :

- Lavez puis coupez la patte de veau.
- Laissez cuire pendant une heure et demie dans une cocotte avec 2 litres d'eau, 4 gousses d'ail et une 1/2 c. à café de sel.
- Entre-temps, mélangez la viande hachée avec le paprika, la menthe, le poivre noir, le sel, 4 gousses d'ail hachées et 2 oignons émincés puis formez entre les paumes des mains des boulettes de tailles moyennes .
- Lavez les blettes, bien égouttez puis émincez.
- Faites chauffer l'huile dans une casorol.
- Incorporez les blettes en petites quantités jusqu'à évaporation du liquide.
- Laissez frire jusqu'à noircissement.
- Marinez avec le bouillon de la patte de veau et y ajoutez l'harissa, le coriandre, les boulettes de viande, le poivre noir, et la patte de veau cuite.
- Laissez cuire jusqu'à épaississement.

1

2

3

4

Merguezia

Préparation :
15 minutes

Cuisson :
30 minutes

Ingrédients

- 300 g de viande hachée
- poivre noir - sel
- 1 cuillerée à café de paprika
- 1 cuillerée à café de coriandre
- 4 gousses d'ail
- 1 oignon
- 1 cuillerée à café d'harissa
- 1 cuillerée à soupe de concentré de tomate
- 1 cuilleré à café de câpres
- 1 tranche de citron
- 1/10 litre d'huile
- des olives
- 2 poivrons coupés en deux

Préparation :

- Assaisonnez la viande hachée de sel, de poivre noir, de paprika et de coriandre. Formez des bâtonnets de viande.
- Coupez l'oignon, faites-le revenir dans l'huile, ajoutez le concentré de tomate, l'harissa et un peu d'eau, puis incorporez l'ail haché. Laissez cuire 10 minutes.
- Versez un verre d'eau puis ajoutez les bâtonnets de viande (merguez), laissez-les cuire pendant 15 minutes.
- Ajoutez les câpres, les olives, les poivrons et la tranche de citron avant 5 minutes de la fin de la cuisson.

1

2

3
4
5
6
7
8

Kabkabou

Préparation : 15 minutes

Cuisson : 30 minutes

Ingrédients

- 4 tranches de poisson
- 150 g de variantes
- 1 cuillerée à café de câpres
- une tranche de citron
- 4 gousses d'ail
- 1/2 cuillerée à soupe de concentré de tomate
- 1/10 litre d'huile
- 2 piments de cayenne
- 1/4 de cuillerée d'épices (coriandre, sel, poivre noir)
- 1/4 de cuillerée à café de paprika

Préparation :

- Faites revenir l'ail haché dans un faitout huilée.
- Ajoutez un peu d'eau, l'harissa et le concentré de tomate. Laissez réduire le liquide.
- Ajoutez le coriandre,
- Lavez les tranches de poisson et assaisonnez de sel, de poivre noir, de paprika et d'harissa. Réservez.
- Lavez les variantes et trempez-les dans de l'eau bouillante pendant 5 minutes. Egouttez-les.
- Versez un verre d'eau chaude dans le faitout puis incorporez les variantes et les tranches de poisson. Laissez cuire entre 10 et 15 minutes.
- Ajoutez ensuite les câpres, le citron coupé en petits cubes et les piments de cayenne.
- Réduire le feu et laissez cuire encore pendant 5 minutes.

1

2

3

Sauce aux Seiches

Préparation : 15 minutes

Cuisson : 45 minutes

Ingrédients

- 1 kg de seiches
- 2 ou 3 oignons
- 2 cuillerée à soupe de concentré de tomate
- 1 cuillerée à soupe d'harissa
- 3 gousses d'ail
- 1/2 cuillerée à café de coriandre
- sel et poivre noir
- 250 grs de petit-pois
- 2 pommes de terre
- 1/10 litre d'huile (un verre)

Préparation :

- Videz et lavez les seiches.
- Dorez les oignons dans une poêle huilée sur un feu doux. Ajoutez les seiches et saupoudrez de sel et de poivre. Mettez l'harissa et laissez cuire pendant 5 minutes, versez un verre d'eau.
- Ajoutez le concentré de tomate, le coriandre et l'ail et laissez cuire encore pendant 5 minutes en remuant de temps en temps.
- Ajoutez deux verres d'eau chaude et laissez cuire les seiches.
- Incorporez les petit-pois et les pommes de terre coupées dans la longueur.
- Quand tout est bien cuit, laissez s'épaissir la sauce sur feu doux pendant 5 minutes.

1

2

Roulé de viande

Préparation : 15 minutes

Cuisson : 30 minutes

Ingrédients

- 500 g de viande de bœuf hachée
- 1/2 c. à café de poivre noir
- 1/2 c. à café de sel
- 1/2 c. à café de paprika
- 1 c. à café de coriandre
- 5 œufs durs

Pour la sauce tomate

- 3 cuillerées à soupe de concentré de tomate
- 1/2 c. à café de sucre
- 1/2 c. à soupe d'harissa
- sel et coriandre
- une feuille de laurier
- 3 gousses d'ail
- une tasse d'huile

Préparation :

- Assaisonnez la viande de poivre noir, de sel, de paprika et de coriandre. Bien mélanger et vérifier le sel.
- Étalez la viande pour obtenir un rectangle.
- Disposez les œufs durs l'un derrière l'autre.
- Roulez la viande sous forme d'un rouleau et enveloppez-la de papier aluminium
- Mettez dans un plat à four avec un peu d'eau et enfournez dans un four préchauffé pendant une 1/2 heure.
- Entre-temps, préparez la sauce :
- Diluez la tomate concentrée dans un peu d'eau avec le sucre et l'huile. Laissez cuire pendant 10 minutes.
- Ajoutez le coriandre, le laurier, l'ail haché et l'harissa et laissez cuire sur feu doux pendant environ 15 minutes.
- Retirez la viande du four et coupez-la en rondelles.
- Présentez accompagné de sauce.

1

Boulettes de viande (Kefta)

Préparation : 15 minutes

Cuisson : 30 minutes

Ingrédients

- 500 g de viande hachée
- un bouquet de persil
- un gros oignon haché
- poivre noir
- sel
- 1/4 de c. à café de coriandre
- 1/2 de c. à café de paprika
- 3 œufs
- huile de friture
- 2 cuillerées à soupe de chapelure

Pour la sauce :

- 3 cuillères à soupe de concentré de tomate
- 1 c. à café d'harissa
- 1/10 de litre d'huile (un verre)
- 1/2 c. à café de sucre
- 4 gousses d'ail - une feuille de laurier
- 1/2 c. à café de coriandre

Préparation :

La sauce :

- Dans un faitout, diluez la tomate avec un verre d'eau, ajoutez le sucre et l'huile. Couvrez et laissez bouillir pendant 10 minutes,
- Ajoutez l'harissa, l'ail haché, la coriandre, un peu de sel et la feuille de laurier.
- Laissez cuire jusqu'à réduction du jus.

Les boulettes :

- Entre-temps, mélangez la viande avec le persil, l'oignon, le poivre noir, le paprika, un peu de coriandre et la chapelure. Ajoutez les œufs.
- Séparez le blanc du 3ème œuf du jaune et fouettez-le.
- Mettez la chapelure dans une assiette.
- Prenez chaque fois une cuillère à soupe du mélange, formez une boulette et pétrissez-en pour former une galette.
- Plongez les galettes obtenus dans le blanc d'œuf battu puis dans la chapelure.
- Faites-les frire dans de l'huile chaude.
- Disposez-les sur du papier absorbant.
- Présentez-les accompagnés de la sauce.
- On peut plonger les boulettes dans la sauce pendant deux minutes.

1
2
3
4
5
6

Légumes farcis (fondouk el ghalla)

Préparation : 15 minutes

Cuisson : 40 minutes

Ingrédients

- 250 g de viande hachée
- un oignon
- sel, poivre noir, paprika, coriandre
- 2 piments verts
- 2 pommes de terre
- 1 courgette
- quelques tomates
- 2 c. à soupe de concentré de tomate
- 4 gousses d'ail hachées
- 1/10 de litre d'huile
- un œuf

Préparation :

- Épluchez les pommes de terre, coupez-les en deux et videz-les.
- Coupez les tomates et videz-les.
- Faites de même pour tous les légumes.
- Coupez l'oignon, mettez-le dans une casserole avec l'huile, la viande hachée et assaisonnez de sel et de poivre noir. Laissez cuire sur feu doux jusqu'à évaporation du liquide. Ajoutez le persil, remuez pendant 2 minutes puis retirez du feu.
- Ajoutez l'œuf,
- Remplissez les légumes avec ce mélange, disposez-les dans une terrine.
- Versez le reste de l'huile et laissez cuire pendant 10 minutes,
- Diluez le concentré de tomate dans un peu d'eau puis versez-le sur les légumes, ajoutez la coriandre et l'ail.
- Laissez cuire jusqu'à ce que les légumes soient tendres.

1

2

3

4

Kaftaji

Préparation : 30 minutes

Cuisson : 30 minutes

Ingrédients

- 500 g de pommes de terre
- 500 g de potiron
- 500 g de courgettes
- 500 g de piment vert
- 500 g de tomate
- 250 g de foie (selon goût)
- 2 œufs
- sel - cumin
- l'huile pour friture

Préparation :

- Epluchez les légumes et coupez-les en rondelles ou en lamelles.
- Commencez par frire les pommes de terre puis le potiron, puis les courgettes et enfin le piment vert.
- Coupez les tomates en deux ou en quatre, selon leurs tailles. Versez un filet d'huile dans une autre poêle, disposez les tomates coupées, couvrez et laissez cuire sur feu doux.
- Épluchez les piments verts et les tomates après refroidissement.
- Coupez les légumes, après cuisson, en petits morceaux.
- Assaisonnez les légumes de sel et de cumin (chaque type de légume à part)
- Disposez-les dans un plat.
- Faites revenir le foie et les œufs dans un peu d'huile. Répartissez-les sur les légumes.

Remarque : vous pouvez mélanger le tout.

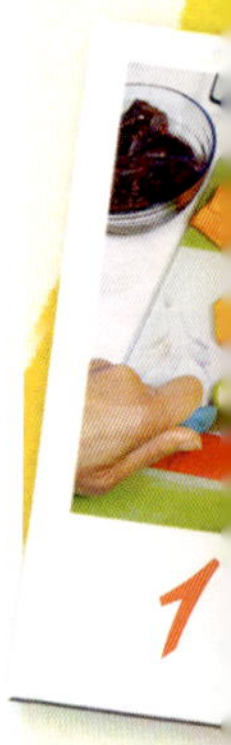

1

6
2
3
4
5

Riz aux fruits sec

Préparation : 15 minutes

Cuisson : 45 minutes

Ingrédients

- un grand poulet
- entre 0,750 et 1 kg de riz
- 100 g d'amandes décortiquées sans la peau
- 100 g de noisettes
- 50 g de pignons
- 50 g de beurre
- 1 oignon haché
- 1 ail haché
- 1/10 de litre d'huile (1 verre)
- 1/2 c. à café de sel
- 1/4 c. à café de poivre noir
- 1/4 c. à café de cannelle
- 1/4 c. à café de safran
- 1/2 c. à café d'herbes aromatiques
- des légumes (un navet, une carotte, une pomme de terre, du persil, une feuille de céleri, une feuille de laurier)

Préparation :

- Une fois le poulet vidé et lavé, faites-le bouillir pendant 15 minutes dans 2 litres d'eau avec les légumes épluchés et coupés, les herbes aromatiques et l'oignon.
- Retirez-le du bouillon une fois cuit.
- Entre-temps, mettez une cuillerée à soupe de beurre dans une poêle et faites dorer les fruits secs.
- Lavez le riz et laissez-le s'égoutter dans un égouttoir.
- Mettez la moitié de l'huile dans un faitout, ajoutez le reste du beurre ainsi que l'ail haché et faites-les revenir pendant 2 minutes.
- Ajoutez le riz et remuez à l'aide d'une cuillère en bois jusqu'à ce qu'il devienne translucide puis assaisonnez de sel, de poivre noir, de cannelle et de
- safran. Marinez le tout avec le bouillon et laissez cuire.
- Pendant ce temps, beurrez le poulet, assaisonnez de sel, de poivre noir et de safran puis enfournez jusqu'à dorure.
- Dans un plat, disposez le riz après l'avoir mélangé avec les fruits secs, et mettez le poulet rôti au centre.

1
2
3
4

Borghol(blé concassé) à l'agneau

Préparation : 15 minutes

Cuisson : 45 minutes

Ingrédients

- 500 g de borghol
- 1 kg de viande d'agneau grossièrement coupée
- 1/2 cuillerée à café de paprika
- 1/4 cuillerée à café de curcuma
- 1/4 cuillerée à café de poivre noir
- 1/4 cuillerée à café de sel
- 1/2 cuillerée à soupe d'harissa
- 1 cuillerée à soupe de concentré de tomate
- 100 g de pois chiches trempés la veille
- 1 gros oignon
- 4 gousses d'ail
- 4 piments verts
- 1/10 de litre d'huile

Préparation :

- Dans un faitout, mettez l'huile et l'oignon coupé et laissez sur un feu doux.
- Lavez la viande puis assaisonnez de sel, de poivre noir, de paprika et de curcuma, mélangez bien.
- Ajoutez la viande et laissez cuire pendant 5 minutes tout en remuant.
- Arrosez d'eau quand c'est nécessaire.
- Incorporez le concentré de tomate, l'harissa et l'ail haché et remuez encore pendant 5 minutes.
- Versez un litre d'eau et plongez les pois chiches puis augmenter le feu pour faire cuire la viande.
- Ajoutez les piments verts préalablement salés.
- Retirez la viande et les piments une fois cuits.
- Ajoutez de l'eau jusqu'à ce que le volume de la sauce dépasse celui du borghol deux fois.
- Dès ébullition, incorporez le borghol et remuez, saupoudrez de poivre noir,
- Laissez cuire à feu doux jusqu'à absorption de la sauce,
- Vérifiez le sel.
- Versez le borghol dans un plat spécial four, garnissez de viande et mettez-le dans le four préchauffé pendant 10 à 15 minutes.

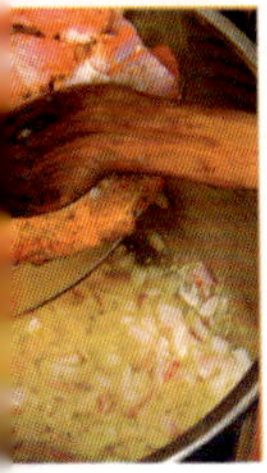

1

2

3

Noicer (pâtes) au poulet

Préparation :
10 minutes

Cuisson :
50 minutes

Ingrédients

- 6 morceaux de poulet
- 1 kg de pâtes noicer
- 2/10 de litre d'huile
- 1/2 cuillerée à soupe d'harissa
- poivre noir
- sel
- 1/4 cuillerée à café de curcuma
- 1/2 cuillerée à café de boutons de roses séchés en poudre
- 2 cuillerées à soupe de concentré de tomate
- 5 piments verts
- 1 gros oignon
- des pois-chiches trempés la veille
- 2 carottes

Préparation :

- Dans un couscoussier, mettez l'huile et l'oignon coupé et laisser sur un feu doux.
- Assaisonnez les morceaux de poulet de sel, de poivre noir, et de curcuma, puis mettez-les avec l'oignon.
- Ajoutez l'harissa et remuez, puis mettez le concentré de tomate avec un peu d'eau et laissez cuire pendant 10 minutes.
- Versez un litre d'eau tiède. Dès ébullition incorporez les pois chiches et les carottes.
- Entre temps, versez les noicers dans une grande assiette, arrosez avec une cuillerée d'huile et mélangez bien.
- Disposez les noicers dans la partie supérieure du couscoussier, et laissez évaporer pendant 15 minutes.
- 5 minutes avant la fin de la cuisson, ajoutez les piments verts.
- Vérifiez le sel et ajoutez un verre d'eau si nécessaire.
- Versez les noicers dans un plat spécial four, saupoudrez de poivre noir, d' 1/4 cuillerée à café de sel et d' 1/2 cuillerée à café de boutons de roses séchés en poudre tout en remuant.
- Arrosez les noicers avec la sauce jusqu'à les recouvrir. Remuez puis enfournez pendant 5 à 10 minutes jusqu'à absorption de la sauce.

1
2
3
4
5

Riz djerbien

Préparation : 40 minutes

Cuisson : 40 minutes

Ingrédients

- 300 g de viande de veau ou d'agneau sans os
- 200 g de foie
- 1 bouquet de persil
- 3 oignons
- 1/2 kg d'épinards
- sel, poivre noir
- 1 cuillerée à café de paprika
- 1/2 cuillerée à café d'harissa
- 1/4 cuillerée à café de curcuma
- 1/4 cuillerée à café de coriandre
- 1/10 de litre d'huile
- une tasse de pois chiches trompés la veille
- une tasse de petits pois
- 3 cuillerées à soupe de concentré de tomate

Préparation :

- Triez le persil et les épinards. Lavez-les et coupez-les finement.
- Lavez et coupez les oignons.
- Lavez la viande et coupez-la en petits cubes. Assaisonnez de sel et de poivre noir. S'il s'agit de viande de bœuf, il faut la faire cuire dans un faitout avec un oignon et un peu d'huile pendant 15 minutes puis l'incorporer au mélange.
- Coupez le foie en petits cubes.
- Triez le riz, lavez-le puis mettez-le dans un saladier, assaisonnez de sel, de poivre noir, d'harissa, de curcuma, de coriandre, d'huile et de concentré de tomate. Ajoutez le persil, les épinards, les pois-chiches et le foie. Mélangez le tout et disposez-le dans la partie haute du couscoussier et couvrez, alors que la partie inférieure est remplie d'eau bouillante. Laissez cuire à la vapeur.
- Ajoutez les petits pois avant cuisson totale.
- Laissez cuire pendant une 1/2 heure, remuez avec une spatule en bois de temps à autre (si le riz est un peu sec, arrosez avec un peu d'eau chaude)
- Vérifiez le sel et laissez cuire jusqu'à ce que le riz soit tendre.

1

2

3

4

Chorba à la vapeur

Préparation : 15 minutes

Cuisson : 50 minutes

Ingrédients

- 6 morceaux de viande d'agneau
- 750 g de pâtes risoni
- 1/10 de litre d'huile
- un gros oignon
- sel et poivre noir
- 1 cuillerée à café d'harissa
- 1/4 cuillerée à café curcuma
- 1/4 cuillerée à café de boutons de roses séchés en poudre
- 2 cuillerées à soupe de concentré de tomate
- un verre de pois-chiches trempés la veille
- 2 carottes ou artichauts
- piment vert.

Préparation :

- Assaisonnez la viande lavée de sel, de poivre noir, d'harissa et de curcuma.
- Dans la partie inférieure d'un couscoussier, mettez l'oignon coupé et l'huile. Faites cuire sur feu doux pendant 5 minutes.
- Ajoutez la viande et remuez pendant 5 minutes.
- Incorporez le concentré de tomate et remuez de temps en temps pendant 10 minutes. Arrosez d'eau quand c'est nécessaire.
- Versez un litre d'eau chaude et plongez les pois-chiches. Laissez cuire pendant une 1/2 heure.
- Entre-temps, épluchez les légumes, lavez-les et ajoutez-les à la sauce.
- Mettez les pâtes dans un saladier, huilez-les avec une cuillerée d'huile.
- Disposez-les dans la partie supérieure du couscoussier et laissez cuire à la vapeur pendant 15 minutes, ajoutez les piments verts à la sauce avant les 5 dernières minutes.
- Retirez les légumes et la viande déjà cuits et vérifiez le sel, ajoutez un peu de poivre noir et incorporez les pâtes cuite à la vapeur, remuez et laissez sur feu doux.
- Saupoudrez de boutons de roses séchés en poudre.
- Retirez du feu une fois les pâtes sont tendres et que toute la sauce est absorbée.

1

2
3
4

Riz aux Calamars

Préparation : 15 minutes

Cuisson : 45 minutes

Ingrédients

- 6 calamars moyens
- un verre de persil haché
- 2 tomates moyennes
- 1 pomme de terre moyenne
- 3 oignons
- 4 gousses d'ail
- sel et poivre noir
- 1/2 cuillerée à soupe d'harissa
- coriandre
- 1 cuillerée à café de paprika
- 3 clous de girofle
- 3 cuillerées à soupe de concentré de tomate
- 1/2 verre de pois-chiches trempés la veille
- piment vert
- 750 grs de riz
- 1/10 de litre d'huile

Préparation :

- Videz et lavez les calamars. Laissez égoutter. Mettez les parties restantes dans de l'eau bouillante salée pendant 3 minutes puis coupez-les finement.
- Coupez la pomme de terre, les tomates et un oignon et mélangez-les avec le persil et les parties de calamar coupées. Assaisonnez de paprika, de sel, de poivre noir et de coriandre.
- Remplissez les calamars avec cette farce l'une après l'autre. Les fermer avec des cure-dents.
- Coupez les oignons restants, mettez-les dans un faitout, huilez et laissez cuire pendant 5 minutes. Ajoutez l'harissa, le concentré de tomate, l'ail haché. Laissez cuire encore 10 minutes en ajoutant un peu d'eau et en remuant de temps en temps.
- Versez un litre et 1/2 d'eau. Dès ébullition, plongez les pois-chiches et les calamars farcis. Laissez cuire pendant environ 20 minutes.
- Lavez le riz et salez le piment vert.
- Retirez les calamars une fois cuits, vérifiez le sel et ajoutez les clous de girofle puis le riz (le volume de la sauce doit être deux fois supérieur à celui du riz)
- Avant de terminer la cuisson incorporez le piment vert et saupoudrez de poivre noir. Vérifiez le sel.

5
1
2
3
4

Bon appétit

Achevé d'imprimer (juin 2009)